LUCIEN PEMJEAN

LA
PAIX NÉCESSAIRE

RÉPONSE

A M. CAMILLE DREYFUS

Prix : 50 Centimes

PARIS

LIBRAIRIE A.-L. GUYOT

15, rue du Croissant

ET CHEZ L'AUTEUR : 1, RUE DE LOURCINE

1890

Envoi franco contre 55 centimes en timbres-poste.

LUCIEN PEMJEAN

LA
PAIX NÉCESSAIRE

RÉPONSE

A M. CAMILLE DREYFUS

Prix : 50 Centimes

PARIS

LIBRAIRIE A.-L. GUYOT

15, rue du Croissant

ET CHEZ L'AUTEUR : 1, RUE DE LOURCINE

—

1890

Envoi franco contre 55 centimes en timbres-poste.

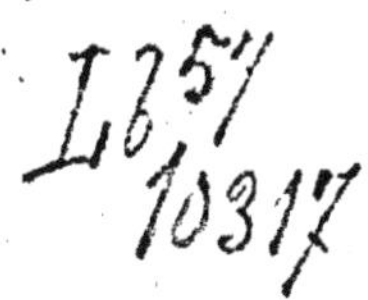

LA PAIX NÉCESSAIRE

Si je n'écoutais que le sentiment de révolte indignée dont m'a pénétré la lecture de la *Guerre nécessaire* de M. Camille Dreyfus, je me répandrais, dans la réponse que je vais lui consacrer, en invectives de toute sorte, et je n'hésiterais pas à vouer à l'exécration de ses semblables l'homme qui ne craint pas d'appeler sur son pays et sur l'Europe le fléau de la plus désastreuse des guerres.

Mais la question que soulève cette publication est d'une gravité telle, elle évoque à l'esprit de si sombres et si déchirants tableaux, elle touche à des intérêts si divers, si considérables et si sacrés, qu'il est préférable, à mon sens, de la discuter sans passion et sans colère.

Je ferai donc en sorte, au cours de ces quelques pages, de rester maître de ma plume, et si je prends la liberté de rechercher quelle peut bien être la pensée de derrière la tête de M. Dreyfus, quelle est la véritable considération qui lui a inspiré cette coupable brochure, je m'efforcerai du moins de le faire avec sang-froid, modération et même, s'il est possible, avec un soupçon d'indulgence.

Donc, l'honorable député de la Seine veut la guerre, la guerre sans phrases, la guerre immédiate, la guerre quand même.

O guerre ! — s'écrie-t-il dans un transport lyrique — malgré les cadavres et les ruines que tu sèmes à pleines mains sur ta route, je t'appelle de tous mes vœux, parce que j'ai la conviction que, sous les plis du drapeau tricolore flottant de nouveau sur les champs de bataille, les Français oublieront leurs misérables querelles intérieures ; parce que je sais que devant l'ennemi il n'y aura plus de partis ; parce que, sous le feu des canons allemands et au bruit de la fusillade, se refera l'unité morale de la Patrie !

Cette invocation ne manque pas d'une certaine éloquence ; elle dénote de plus chez son auteur, sinon le plus réfléchi, du moins le plus débordant des patriotismes.

S'il ne faut, en effet, pour mettre fin aux querelles des factions politiques, que l'égorgement d'une centaine de mille hommes et l'engloutissement d'une dizaine de milliards, ma foi ! ce n'est pas la peine, pour si peu, de se refuser ce bienfait : les mères françaises sont assez riches d'enfants sains et robustes, et les vieux bas de laine renferment encore assez d'économies pour que, d'un cœur léger, notre pays puisse faire dans son intérêt un pareil sacrifice.

Malheureusement, pour l'argumentation de M. Dreyfus, ce qui serait vrai pour la France, en cas de guerre, ne le serait pas moins pour l'Allemagne qui subit en ce moment une crise intérieure analogue à la nôtre, et qui, divisée, tiraillée, déchirée sous l'action de partis irréconciliables, serait peut-être enchantée, elle aussi, de voir son unité morale se refaire sous le feu des canons français et au bruit de la fusillade.

La jolie tirade de M. Camille Dreyfus serait donc, à deux ou trois mots près, aussi bien à sa place sous la plume d'un écrivain d'outre-Rhin que sous la sienne propre.

Nous verrons tout à l'heure si les autres raisons qu'il développe à l'appui de sa bellomanie, sont plus valables et plus concluantes que celle-là.

En attendant, examinons quel singulier moment il a choisi pour lancer son détestable pétard.

.·.

Jamais, à aucune époque, la question sociale ne s'est dressée, au sein des nations européennes, aussi impérieusement qu'aujourd'hui.

Jamais les travailleurs des villes et des champs n'ont fait entendre de plaintes plus désolées et de réclamations plus pressantes.

Jamais la gent patronale, propriétaire et financière ne s'est vu critiquer, dénoncer, flétrir, menacer avec autant d'acharnement et d'âpreté.

Jamais les gouvernements ne se sont trouvés acculés, comme à l'heure présente, à la nécessité de faire droit sans retard aux revendications prolétariennes.

L'idée de l'amélioration du sort des humbles a fait de tels progrès dans les cerveaux, l'urgence des réformes économiques se fait si vivement sentir dans tous les rangs de la société, que nous avons vu récemment un puissant autocrate, le jeune Guillaume II, prendre lui-même l'initiative d'une conférence soi-disant socialiste, et que la simple annonce, pour le 1er mai, d'une manifestation ouvrière internationale a donné pendant six semaines la chair de poule aux classes dirigeantes des différents pays.

Le vent est au socialisme, c'est incontestable.

Tous les adversaires des exactions capitalistes, tous ceux qui compatissent aux souffrances populaires devraient se réjouir de cette heureuse circonstance et la mettre à profit pour tenter d'introduire un peu de justice et de bien-être dans les conditions d'existence de la classe laborieuse.

C'est vers ce but généreux que devraient tendre exclusivement, aujourd'hui, la pensée et les efforts de nos hommes politiques.

Et s'il est une question qui ne soit nullement d'actualité en ce moment, à laquelle personne ne songe, et qu'on devrait, par patriotisme autant que par humanité, se garder soigneusement de ressusciter, c'est assurément celle de la guerre.

Eh bien ! n'est-il pas affligeant de constater que c'est précisément ce moment de détente internationale et de souci social qu'un citoyen français croit devoir choisir, pour pousser à d'abominables tueries des peuples uniquement assoiffés de travail productif et de paix féconde ?

Comment ! les hommes d'Etat, les généraux, les diplomates les plus consommés, les souverains eux-mêmes, reculent à la pensée de déchaîner sur l'Europe une guerre sans précédent et dont nul ne pourrait prévoir l'issue !

Les chefs d'armée les plus endurcis, les économistes les plus malthusiens se sentent pris d'épouvante, quand ils supputent le nombre de cadavres que ferait, parmi les millions de soldats mis aux prises, l'usage des engins actuels de destruction !

Et voilà que, faisant bon marché de ces terribles considérations, invoquant froidement la raison diplomatique, la raison économique, la raison militaire, la raison historique, — bref, toutes les raisons, sauf la vraie peut-être, — un député radical embouche tout à coup la trompette guerrière et jette à tous les échos ce cri renouvelé d'il y a vingt ans : « A Berlin ! »

Quelle est donc cette aberration? Ou plutôt quelle monstrueuse combinaison, quel épouvantable calcul se cache donc derrière le mauvais prétexte de cette stupéfiante excitation?

C'est ce que tout homme de bon sens a le droit de se demander; c'est ce que nous allons essayer d'éclaircir.

.˙.

Ce n'est un mystère pour personne qu'il existe, de par le monde, quelques douzaines d'êtres à face humaine, qui ont poussé à un rare degré de perfection l'art de s'emmillionner — voire de s'emmilliarder — avec les dépouilles d'autrui.

Tandis que les dévorants de l'industrie, du négoce et de la finance tondent sans vergogne les malheureux troupeaux entassés dans les usines, les manufactures, les magasins, les chantiers et les bureaux; tandis que se livre, entre le Capital et le Travail, cette lutte formidable où chaque jour s'étiolent tant de santés, s'affaissent tant de caractères et sombrent tant d'existences; tandis que ceux qui produisent deviennent de plus en plus la proie de ceux qui possèdent; comme si ce n'était pas assez de ce scandaleux triomphe de l'oisiveté sur le labeur et de la cupidité sur l'indigence, il nous faut encore voir quelques flibustiers de haut vol, dépassant de cent coudées tous les autres parasites du corps social, s'efforcer audacieusement de faire dériver dans leurs coffres déjà pleins tout le produit de l'activité collective.

Faisant main basse sur le crédit, sur les moyens de transaction, sur les principaux organes de publicité, sur toutes les sources vives de la fortune publique; s'insinuant ou insinuant leurs créatures dans les assemblées politiques, dans les ministères, dans l'administration, dans la magistrature, dans l'armée; achetant le concours des uns et brisant la résistance des autres, ces maîtres écumeurs accomplissent peu à peu, savamment, sûrement et impunément, leur œuvre de désolation et de ruine.

Déjà quelques-uns des grands marchés du monde leur appartiennent; déjà ils font, à leur guise, la pluie et le beau temps au ciel changeant des relations internationales; déjà de nombreux réceptacles de la petite épargne, de vastes réservoirs où venait s'alimenter la production nationale, se sont écroulés sous leurs efforts, occasionnant une infinité de désastres; déjà, au gré de leurs intérêts, ils opèrent la hausse ou la baisse sur les denrées de première nécessité, insoucieux qu'ils sont des besoins de la masse déshéritée et férocement préoccupés de l'accumulation des capitaux entre leurs mains !

Rien ne les arrête dans leur criminelle entreprise. Pour eux il n'y a ni devoir, ni respect du droit d'autrui, ni humanité, ni patrie. Le seul objet de leur culte, en même temps que de leur convoitise, c'est le million, l'éblouissant million qui, décuplé, centuplé un certain nombre de fois, donne, en ce siècle de corruption, la force irrésistible, la puissance incontestée, la domination universelle.

Au milieu de ce fabuleux accroissement de leur souveraineté, dans leur fantastique ascension vers les régions étoilées d'un règne sans contrepoids et sans contrôle, un seul point noir vient troubler la paix dorée de leur âme.

Oh! ce n'est certes pas du côté des détenteurs du pouvoir que leur vient la moindre inquiétude: parmi ceux-là, ils ne comptent que des amis, des adulateurs et au besoin des auxiliaires.

Mais il n'en va pas de même du côté des gagne-
menu, des sacrifiés, des exploités qui commencent
à débrouiller les causes de leur misère, à voir clair
dans les infernales machinations dont ils pâtissent
si cruellement, et à se demander s'il ne serait pas
temps de mettre un terme à cet outrageux état de
choses.

Eh quoi! Ne se mettent-ils pas, ces pelés, ces
galeux, à dénoncer tout haut les auteurs respon-
sables de leurs souffrances! Ne se permettent-ils
pas de réclamer une répartition plus équitable des
avantages et des charges, des obligations et des
jouissances! Ne poussent-ils pas la perversité
jusqu'à prêter une oreille attentive aux conclusions
des penseurs qui ont analysé le mal social et qui
proposent d'y remédier!

Les grands pontifes du dieu Capital ne sau-
raient tolérer une aussi dangereuse révolte contre
leurs dogmes et leurs pratiques. N'ont-ils pas
dix moyens pour un de réduire les mécontents au
silence?

Et parmi ces moyens, n'en est-il pas un tout
indiqué et d'autant plus précieux qu'il offre, en
même temps, un champ merveilleusement fertile
aux spéculations et aux tripotages qui leur sont
chers?

La guerre!

Quel meilleur moyen que celui-là ?

La guerre ! mais c'est une véritable mine d'or pour les hommes d'argent ! c'est une mère nourricière pour la haute Banque ! Quel horizon d'emprunts, de soumissions, de coups de Bourse n'ouvre-t-elle pas aux grands financiers !

La guerre, qui fait s'entre-tuer les enfants du peuple, qui débarrasse les gouvernants et les exploiteurs des grincheux qui les empêchent d'opprimer et de pressurer en rond ; la guerre, avec ses monts de cadavres, ses fleuves de sang, ses océans de larmes ; la guerre, avec toutes ses cruautés et toutes ses hideurs, mais c'est la suprême ressource des politiciens et des fricoteurs aux abois, c'est leur soupape de sûreté, leur sauvegarde, leur arche de salut !

Ne vous étonnez donc pas, citoyens, si, à l'heure précise où le monde du travail se met sérieusement à la besogne émancipatrice, vous entendez retentir soudain le belliqueux coup de clairon de M. Camille Dreyfus.

Non pas que j'accuse l'honorable député de vouloir trafiquer personnellement des tueries auxquelles il nous convie.

Cet infâme trafic est-il dans ses intentions ? Est-il dans ses moyens ? Je l'ignore et je n'en ai cure.

Il n'est pas impossible, après tout, que M. Dreyfus soit sincère dans son emballement patrioti-
que.

Il se peut même qu'une blessure récente lui ait
rendu l'humeur batailleuse et l'ait mis en appétit
de nouveaux coups de feu.

Mais — je le dis sans détour et j'appelle là-dessus
l'attention de mes concitoyens — l'origine, les
alliances et les relations du directeur de *la Nation*
me sont suspectes.

Il est député radical, je le veux bien ; mais il est
avant tout et surtout fils d'Abraham et de Jacob, et,
dans l'acte qu'il vient d'accomplir, je le tiens pour
le porte-voix conscient ou inconscient de la haute
Banque juive.

Et quand il vient, au milieu des préoccupations
pacifiques et justicières de l'heure présente, nous
prêcher la guerre comme immédiatement nécessaire, je lui réponds :

Oui, la guerre est nécessaire... aux détrousseurs
de la foule, aux misérables qui, après avoir fait
argent de ses peines, ne demandent qu'à faire
argent de son sang. La guerre leur est non seulement nécessaire, mais indispensable, pour dé-
tourner le prolétariat européen de la voie libéra-
trice dans laquelle il s'est enfin décidé à s'engager,

pour consolider leurs priviléges menacés, barboter en eau rouge et s'assurer vingt nouvelles années de paisibles et fructueux rapports.

Oui, monsieur Camille Dreyfus, pour les opulents et insatiables sectateurs du Veau d'or, pour Rothschild et toute sa séquelle, pour tous ceux qui grugent, spéculent, agiotent, en un mot, pour tous les forbans qui vivent grassement du travail de leurs semblables, oui, je suis de votre avis, la guerre est nécessaire.

Mais il est infiniment triste, vous en conviendrez au fond, de voir un représentant de Paris se faire le héraut de ces sinistres vampires.

.·.

Autant que l'auteur de la *Guerre nécessaire*, je gémis sur la nécessité où se trouve notre pays d'entretenir une armée considérable et de dépenser des sommes insensées en armements sans cesse renouvelés.

Autant que lui, je déplore l'incorporation à l'Empire germanique de deux provinces qui n'ont cessé de nourrir des sentiments profondément français.

Autant que lui, je vois avec angoisse se dresser à l'horizon le spectre du déficit et de la banque-route.

Mais M. Dreyfus est-il bien certain, par le moyen qu'il préconise, de changer quelque chose à cette situation désolante?

Affirmer, comme il le fait, que nous serons vainqueurs en cas de guerre immédiate, est enfantin.

Pour lui, la Triple Alliance n'existe réellement que sur le papier : l'Autriche ne compte pas, l'Italie ne compte guère; et nous sommes assurés, paraît-il, du concours de la Russie. Il est vrai qu'aucun traité ne nous unit à cette nation amie; c'est ce qui, sans doute, aux yeux du député de la Seine, rend l'alliance franco-russe plus solide et plus sûre.

Allons! tout cela n'est guère sérieux, et, vraiment, il faut que le directeur de la *Nation* ait une bien grande envie, pour ne pas dire un bien puissant motif, de gagner sa cause, pour qu'il ait recours à de pareilles misères d'arguments.

Ce qui est certain, c'est qu'aujourd'hui comme hier, nous avons autant de chances, sinon plus, d'être battus par nos voisins que de les battre.

Et quand on songe à ce qui adviendrait de notre infortuné pays, au cas d'une nouvelle invasion et d'un nouvel écrasement ; quand on se rappelle la menace faite, en 1887, à la tribune du Reichstag, par le chancelier de fer, on a le droit de s'indigner de la légèreté de M. Dreyfus et de lui dire : « Déchirez votre brochure, monsieur ; vous avez commis là une mauvaise action ! »

Est-ce à dire que nous devions renoncer à l'espoir de recouvrer nos provinces perdues ? Est-ce à dire que nous devions nous résigner à plier éternellement sous le fardeau de nos charges militaires ?

Non.

Et pour se convaincre du contraire, il n'y a qu'à jeter les yeux sur le spectacle que nous offre l'évolution intérieure des principales nations européennes — plus particulièrement de l'Allemagne — et à en déduire logiquement les conséquences.

La vieille Allemagne est minée, rongée par le souterrain travail de la Révolution. Malgré la loi d'exception forgée contre le socialisme, malgré les persécutions dirigées contre ses chefs, malgré les entraves apportées à sa propagande, c'est le parti socialiste qui, de tous les partis en présence, a obtenu le plus de voix aux élections dernières : 1 million 400 mille, sur 7 millions de votants.

Et ce n'est certainement pas le socialisme impérial qui parviendra à arrêter le flot montant du socialisme populaire. Il ne fait, au contraire, que le précipiter et le grossir.

Que la paix dure encore dix ans, et nous aurons devant nous non plus une Allemagne monarchique, féodale et guerrière, mais une Allemagne ayant accompli son 89 et son 92, une Allemagne républicaine, libérale et pacifique, une Allemagne avec laquelle il nous sera d'autant plus facile de traiter amicalement que ceux qui seront alors au pouvoir, les Liebknecht, les Bebel, les Volmar, etc... ont toujours protesté contre l'annexion de l'Alsace-Lorraine et contre la folie ruineuse des armements à outrance.

Et ce jour-là, nos chères provinces nous reviendront avec d'autant plus de bonheur que nous aussi, grâce à la paix, nous aurons fait triompher les plus urgentes de nos revendications démocratiques et sociales, et qu'elles rentreront au sein d'une France unie, régénérée, affranchie, ouverte à tous les progrès et prête à toutes les entreprises généreuses.

D'ailleurs, le même mouvement libérateur emporte les autres peuples vers des destinées nouvelles.

L'Autriche, l'Italie, l'Espagne, le Portugal sont à la veille d'une transformation semblable.

Et tout nous fait prévoir que ce siècle ne s'éteindra pas sans que, sous la pression des fatalités économiques et politiques, une fédération de Républiques sœurs pose les premières assises des États-Unis d'Europe.

Résumons-nous en quelques mots.

Jamais la nécessité de la paix ne s'est fait sentir aussi vivement qu'aujourd'hui.

Ce n'est qu'à la faveur de la paix que les peuples, aujourd'hui conscients de leurs droits et marchant à leur conquête, parviendront à effectuer leur émancipation politique et sociale.

Seuls, les gouvernements aux abois, les financiers cosmopolites et les exploiteurs de la masse laborieuse ont intérêt à réclamer la guerre.

Décimer le nombre toujours grandissant des parias, qui commencent à montrer les dents; empêcher, en ravivant les haines internationales, les producteurs des différents pays de solidariser leur cause et leurs efforts; spéculer sur les égorgements, les destructions et les ruines : tel est le but que poursuivent ces misérables en nous prêchant la guerre.

Ne nous laissons donc pas prendre aux fausses impatiences patriotiques des émissaires de la haute Banque.

Travaillons et laissons les autres peuples travailler à l'avénement de la justice et de la fraternité parmi les hommes.

La guerre ne résout rien : elle appelle la guerre.

La paix, au contraire, nous permettra de guérir, dans un avenir prochain, en même temps que nos plaies sociales, nos blessures nationales.

LUCIEN PEMJEAN.

9°-649. PARIS. — IMPRIMERIE CHARLES CLOT, RUE BLEUE, 7

NOUVELLE LIBRAIRIE PARISIENNE
A. SAVINE, Éditeur
12, rue des Pyramides, 12. — PARIS

CENT ANS APRÈS

(1789-1889)

PAR

Lucien PEMJEAN

1 vol. in-18 jésus. Prix : **2 fr.**

EXTRAITS DE COMPTES RENDUS

On nous annonce, pour aujourd'hui, l'apparition d'un livre dont on dit tout bas le plus grand bien, et qui serait destiné à devenir, pendant la période électorale, une arme puissante aux mains des adversaires du régime parlementaire.

Titre : **Cent ans après**. Auteur : M. Lucien Pemjean.....

Gaulois, 1ᵉʳ septembre 1889.

..... **Cent ans après** est, en même temps qu'un pamphlet au style étincelant et vigoureux, un livre de critique et d'histoire d'une haute portée philosophique.

Nous reviendrons prochainement sur le travail de M. Lucien Pemjean. Nous ne voulons aujourd'hui qu'en annoncer l'apparition et le signaler à nos amis comme un arsenal dans lequel ils pourront puiser, à pleines mains, les armes les mieux aiguisées pour leur propagande de régénération politique et sociale.

République, 3 septembre 1889.

Dû à la plume acérée d'un écrivain du plus brillant avenir, M. Lucien Pemjean, ce livre arrive juste à son heure. C'est la goutte d'huile tombant sur l'incandescence des passions politiques surexcitées. Il ne peut donc manquer de produire une profonde impression dans le public.....

Éclair, 17 septembre 1889.

..... **Cent ans après** débute par une dédicace de fière allure, acceptée par le Général Boulanger en des termes qui ne permettent plus aucun doute sur les sentiments profondément républicains du proscrit de la Haute-Cour...... Enfin, embrassant la situation actuelle, étudiant dans leurs éléments et leurs tendances les partis en présence, il prouve, histoire et chiffres en mains, combien sont peu fondées les alarmes intéressées des amis du pouvoir et soulève avec une rare perspicacité un coin du voile de l'avenir.....

Intransigeant, 17 septembre 1889.

..... **Cent ans après** est un ouvrage qui mérite d'arrêter l'attention de tous les hommes réfléchis, amis ou adversaires. Renfermant, sous une forme attachante, tous les griefs et tous les arguments dont se composent les munitions des ennemis du régime actuel, il trouve moyen, dans son dernier chapitre, de présenter la question boulangiste sous un jour entièrement nouveau.....

Souveraineté, 9 septembre 1889.

La période électorale vient à peine de s'ouvrir, et déjà le parti revisionniste fait feu de toutes pièces. Après le nouveau journal *La République*, voici un livre, **Cent ans après**, qui vient cracher la mitraille de ses pages ardentes au milieu de la canonnade des partis..... Doublement d'actualité, en raison de la célébration du Centenaire et de l'approche des élections générales, il sera d'autant plus lu, commenté, critiqué et exalté qu'il débute par une dédicace au Général Boulanger et une lettre d'acceptation de celui-ci.

Le livre de M. Lucien Pemjean sera donc lu, dans l'un et l'autre camp, non seulement avec passion, mais encore avec fruit.

Égalité, 10 septembre 1889.

..... A la veille des élections du Centenaire, nous ne saurions trop recommander à nos amis ce livre de combat, dont la lecture achèvera d'éclairer leur conscience et de fortifier leur résolution.....

Cocarde, 10 septembre 1889.

Parmi les pamphlets du jour, mais fort au-dessus d'eux par le mérite, on doit classer le remarquable volume de M. Lucien Pemjean : **Cent ans après**, curieux parallèle entre deux années troublées, séparées par un siècle d'efforts et de tentatives vaines.....

Événement, 23 septembre 1889.

Notre sympathique ami et confrère Lucien Pemjean vient de publier un magnifique ouvrage destiné à avoir un contre-coup dans les sphères bourgeoises et gouvernementales....... **Cent ans après** sera le soldat de l'avant-garde révolutionnaire, qui, sonnant de vigoureuses clairounées au fronton des batailles, conduira l'armée des besogneux et des malheureux vers la liberté et la justice.

Vengeur (de Marseille), 12 octobre 1889.

Nous avons déjà parlé de ce livre de combat revisionniste, dû à la plume de notre confrère Lucien Pemjean et qui a obtenu, dès son apparition, le plus légitime succès.

Si nous y revenons aujourd'hui, c'est que les conditions dans lesquelles s'est terminée la lutte électorale rendent la propagation de cet ouvrage plus nécessaire que jamais.....

Petite République française, 14 octobre 1889.

..... **Cent ans après** est une réfutation serrée, claire, lumineuse des arguments de ceux qui prétendent que la République opportuniste est le dernier mot du développement démocratique de notre pays.

Aussi en recommandons-nous la lecture non seulement à nos

amis, mais aussi à ceux de nos adversaires que n'aveugle pas
un sot parti pris ou le souci de leurs intérêts personnels.....
France, 16 octobre 1889.

On annonce la mise en vente de la troisième édition de **Cent
ans après**, l'ouvrage si fortement pensé et si remarquablement
écrit de notre confrère Lucien Pemjean.

..... Œuvre de polémique et de combat, en même temps
que de philosophie et d'histoire, il ne peut que fortifier les
convictions de nos amis et rallier à notre cause ceux de nos
adversaires que n'affole pas une injuste et misérable passion.

Aussi en recommandons-nous chaleureusement la lecture et
la propagation à tous les militants de la cause revisionniste...
Presse, 26 novembre 1889.

Il vient de paraître chez l'éditeur Savine un très intéressant
ouvrage de Lucien Pemjean, **Cent ans après**. L'auteur établit
une comparaison entre les deux époques 1789-1889, et prouve
sans peine que la crise actuelle finira dans une catastrophe,
dans une révolution qui transformera de fond en comble la
société.....
Autonomie, 1er décembre 1889.

L'ouvrage de M. Lucien Pemjean est certainement un de
ceux dont la publication fait le plus d'honneur au vaillant
éditeur Savine..... Comme le disait récemment un de nos
confrères, « **Cent ans après** sera le *vade mecum* de la géné-
ration nouvelle. »
Petit National, 9 janvier 1890.

..... Nous avons déjà parlé à différentes reprises de **Cent ans
après**, mais nous nous faisons un devoir de le signaler encore
une fois à l'attention de nos lecteurs. Nous voudrions, en effet,
voir dans toutes les mains le livre de M. Lucien Pemjean, car
nul ouvrage n'est plus capable que celui-là de faire la lumière
dans l'esprit de nos concitoyens.
Démocrate, 9 janvier 1890.

Nous ne saurions trop engager nos amis à lire et à propager
l'excellent petit livre de M. Lucien Pemjean : **Cent ans après**.

Ils y trouveront, à côté d'une critique vigoureuse et serrée
du régime parlementaire, un lumineux exposé des griefs et des
principes qui ont donné naissance au parti revisionniste.....
Cocarde, 21 janvier 1890.

..... Il serait à souhaiter que tous les citoyens dignes de ce
nom, que tous les républicains désireux de l'avènement d'une
véritable République, fussent mis à même de profiter des ren-
seignements qu'on trouve dans **Cent ans après**.
A. LAISANT (Presse, 27 février 1890).

Parmi les autres journaux, fort nombreux, qui ont publié des
comptes rendus élogieux de **CENT ANS APRÈS**, citons encore
au hasard :

L'Autorité, le *XIXe Siècle*, le *Pays*, le *Petit Caporal*, le *Tri-
boulet*, le *Pilori*, le *Spectateur*, la *Diane*, la *Bombe*, la *Charge*,
les *Matinées espagnoles*, l'*Hurleuse*, la *République nationale*,
l'*Assaut*, etc.

MENACES DE POURSUITES

CONTRE

" CENT ANS APRÈS "

Le 31 octobre 1889, le *National* publiait, dans ses nouvelles de la dernière heure, l'entrefilet suivant :

POURSUITES CONTRE UN ÉCRIVAIN

« Le Conseil des ministres a décidé, sur la proposition de M. Constans, qu'il y avait lieu d'exercer des poursuites contre M. Lucien Pemjean, auteur d'un ouvrage dont certains passages ont été trouvés délictueux.

» Ce livre est intitulé **Cent ans après** et a été édité par la maison Savine. Il contient, en guise de préface, une longue lettre de M. le général Boulanger.

» Il a été décidé, en outre, que cette résolution ne serait pas ébruitée avant l'assignation du parquet.....

» Précaution inutile, comme le démontre la rapidité avec laquelle le *National* a été informé. »

Le lendemain, paraissaient dans l'*Intransigeant* les lignes que voici :

LIVRE POURSUIVI

« Sur la demande expresse du Saucissonnier, le Conseil des ministres a décidé que des poursuites seraient exercées contre M. Lucien Pemjean, auteur d'un livre très remarquable intitulé **Cent ans après**, qui fut édité par la maison Savine et dont nous avons parlé à différentes reprises.

» Pour motiver ces poursuites, on a trouvé que certains passages du livre étaient délictueux. La vérité est que cet ouvrage est précédé d'une lettre-préface du général Boulanger.

» Il n'en fallait pas davantage, n'est-ce pas ? »

En même temps que l'*Intransigeant*, toute la presse indépendante s'élevait vigoureusement contre ce nouvel acte d'arbitraire gouvernemental.

Devant cette généreuse protestation en faveur de la liberté d'écrire, le ministère comprit sans doute qu'il allait commettre une sottise, car aucune suite ne fut donnée à ses projets de poursuites.

Il n'en reste pas moins établi que la publication de **CENT ANS APRÈS** avait inquiété les hommes du pouvoir au point de leur faire prendre la résolution d'en persécuter l'auteur. Ce qui est tout à l'honneur de ce dernier.

On le voit par ce qui précède, aucun citoyen s'intéressant aux affaires publiques, à quelque classe de la société qu'il appartienne et quelque opinion politique qu'il professe, ne peut se dispenser de lire **CENT ANS APRÈS**, *cette œuvre de discussion et de progrès, devenue si vite populaire.*

Pour recevoir le volume **franco**, *il suffit d'envoyer la somme de 2 fr. (timbres ou mandat) à M.* ALBERT SAVINE, *éditeur,* *12, rue des Pyramides, Paris.*

3

PARIS. — IMPRIMERIE CHARLES BLOT, RUE BLEUE, 7.

www.ingramcontent.com/pod-product-compliance
Ingram Content Group UK Ltd.
Pitfield, Milton Keynes, MK11 3LW, UK
UKHW021713090726
13657UKWH00005B/2223